AF444044
AMOR
AMOR

Photo

It's a girl

- Name :

- Date of birth:

- Weight:

- Height:

Grown up baby

Grown up baby

Grown up baby

Grown up baby

Grown up baby

Grown up baby

Grown up baby

Grown up baby

Grown up baby

Grown up baby

Grown up baby

Grown up baby

Grown up baby

Grown up baby

Grown up baby

Grown up baby

Grown up baby

Grown up baby

Grown up baby

Grown up baby

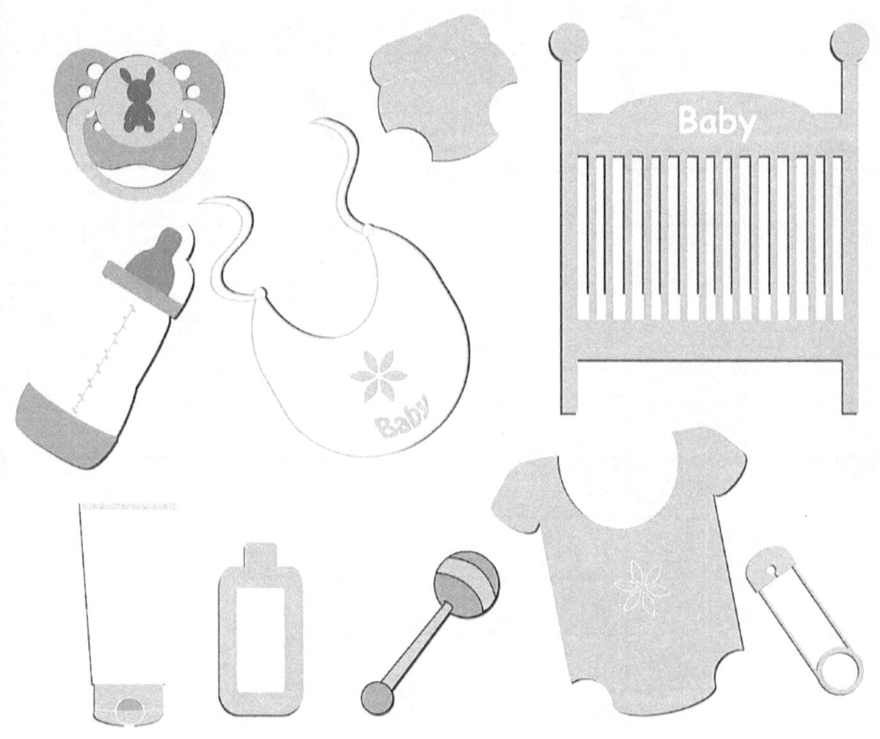

Baby
Baby

Grown up baby

Grown up baby

Grown up baby

Grown up baby

Grown up baby

Grown up baby

Grown up baby

Grown up baby

Grown up baby

Grown up baby

Grown up baby

Grown up baby

Grown up baby

Grown up baby

Grown up baby

Grown up baby

Grown up baby

Grown up baby

Grown up baby

Grown up baby

Grown up baby

Grown up baby

Grown up baby

Grown up baby

Grown up baby

Grown up baby

Grown up baby

Grown up baby

Grown up baby

Grown up baby

Grown up baby

Grown up baby

Grown up baby

Grown up baby

Grown up baby

Grown up baby

Grown up baby

Grown up baby

Grown up baby

Grown up baby

Grown up baby

Grown up baby

Grown up baby

Grown up baby

Grown up baby

Grown up baby

Grown up baby

Grown up baby

Grown up baby

Grown up baby

Grown up baby

Grown up baby

Grown up baby

Grown up baby

Grown up baby

Grown up baby

Grown up baby

Grown up baby

Grown up baby

Grown up baby

Grown up baby

Grown up baby

Grown up baby

Grown up baby

Grown up baby

Grown up baby

Grown up baby

Grown up baby

Grown up baby

Grown up baby

Grown up baby

Grown up baby

AMOR